Jarid Arraes
Organizadora

Poetas Negras Brasileiras

uma antologia

2021 © Jarid Arraes, organizadora / Ferina
2021 © EDITORA DE CULTURA
ISBN: 978-65-5748-004-5

Todos os direitos desta edição reservados

EDITORA DE CULTURA
Rua Baceúnas, 180
CEP 03127-170 – São Paulo – SP – Brasil

Fone: 55 (11) 2894-5100
atendimento@editoradecultura.com.br
www.editoradecultura.com.br

*Partes deste livro poderão ser reproduzidas,
desde que obtida prévia autorização escrita
da Editora e nos limites da Lei nº 9.610/98,
de proteção aos direitos de autor.*

Primeira edição: julho de 2021
Impressão: 5" 4" 3" 2"
Ano: 25 24 23

CIP-BRASIL. CATALOGAÇÃO NA PUBLICAÇÃO
Sindicato Nacional dos Editores de Livros – RJ
Meri Gleice Rodrigues de Souza - CRB-7/6439

P798   Poetas negras brasileiras : um antologia
         Seleção e coordenação Jarid Arraes. - 1. ed. -
         São Paulo : Editora de Cultura, 2021.
         128 p. il. 16x23 cm

         ISBN 978 65 5748 004-5

         1. Poesia brasileira. I. Arraes, Jarid.

20-67319   CDD. 869.1
                                      CDU 82-1(81)

Sumário

Conceição Evaristo - Maricá (RJ)
Vozes-mulheres   *8*

APRESENTAÇÃO, por Jarid Arraes   10

Aline Cardoso – João Pessoa (PB)
Réquiem   *13*

Ana Fátima – Salvador (BA)
Nas tramas da carapinha   *14*

Andrea Cristina Garcia – Ilhabela (SP)
Lave   *16*

Andrezza Xavier - Belo Horizonte (MG)
O amor não põe mesa   *17*

Benedita Lopes – São Bernardo do Campo (SP)
Canto de avós   *19*

Bianca Gonçalves – São Paulo (SP)
linhagem   *20*

Bianca Chioma – São Paulo (SP)
[a lenda]   *21*

Bruna Barros – Aracaju (SE)
tiscrevo   *23*

Camila Santana – Salvador(BA)
Aquosa   *24*

Carina Castro – Diadema (SP)
mãos que escreveram primeiro   *25*

Cassiane Nascimento – Fortaleza (CE)
Olhos que fogem   *27*

Catita – São Paulo (SP)
Na raça   *28*

Cecília Floresta – São Paulo (SP)
nós outras   *30*

Cristiane Sobral – Brasília (DF)
Restituição   *32*

Dandara Kuntê – São Paulo (SP)
Escritas negras — 33

Dayane Tosta – Salvador (BA)
excrescência — 35

Débora Gil Pantaleão – João Pessoa (PB)
lesbianidades — 37

Eliza Araújo – Campos dos Goytacazes (RJ)
[não-foto de momento humano] — 38

Esmeralda Ribeiro – São Paulo (SP)
Ritual de Ageum — 40

Evinha Eugênia – São Paulo (SP)
Sem Eira's nem Beira's — 42

Fabíola Cunha – Salvador (BA)
água não se encarcera — 43

Fernanda Rodrigues – São Paulo (SP)
Ruído — 44

Georgia Ianka – Rio de Janeiro (RJ)
Mistérios da mata — 45

Gessica Borges – São Paulo (SP)
Diário de um golpe — 46

Giovanna Pina – São José dos Campos (SP)
Afrofuturismo é o meu corpo — 48

Hilda França – Salvador (BA)
Marielle Franco – Retiro — 49

Isabela Alves – São Paulo (SP)
é no teu terreiro que eu danço — 50

Ivy de Lima- São Caetano do Sul (SP)
Pedido — 52

Jaisy Cardoso – Salvador (BA)
Ti — 53

Jarid Arraes – Juazeiro do Norte (CE)
Fábula — 55

Jéssica Ferreira – Santo André (SP)
amor entre mulheres pretas cura — 56

Jéssica Regina - Volta Redonda (RJ)
Todas as cores de preta — 58

Jhen Fontinelli – Cabo Frio (RJ)
O que diria dona Elzira? 60

Jovina Souza – Salvador (BA)
O amor no mundo 61

Juliana Berlim – Rio de Janeiro (RJ)
Terraplanismo 62

Juliana Gonçalves Tolentino – Belo Horizonte (MG)
Afago 63

Karla Alves– Juazeiro do Norte (CE)
Ventre de ocidente 65

Kiusam de Oliveira – Santo André (SP)
Corro 67

Laís Santos – Jaboticabal (SP)
Tempo e caos 68

Lara de Paula Passos – Belo Horizonte (MG)
FormAção 69

Laura Oliveira – Santa Luzia (MG)
amor da juventude 72

Lorena Ribeiro – Salvador BA)
Amuleto 74

Lubi Prates – São Paulo (SP)
condição: imigrante 75

Luna Vitrolira – Paulista (PE)
"O amor às vezes é isso" 78

Ma Njanu – Fortaleza (CE)
Ilustração da anatomia de uma oyaci 80

Maggie Paiva – Quixadá (CE)
Abençoadas lacunas 81

Magna Oliveira – Belo Horizonte (MG)
Axé 83

Maíra Luciana – Brasília (DF)
Meu corpo 84

Mari Vieira – Minas Novas (MG)
Quando o poema não nasce 86

Maria Vitória – São Paulo (SP)
O vômito e as moscas 88

Mariana Madelinn – Salvador (BA)
Escura
90

Marília Casaro – São Paulo (SP)
Um dia no colo do mar
92

Marina Farias – Nilópolis (RJ)
The words I wrote for you
93

Marli Aguiar – São Paulo (SP)
Da Potência de Nossa Escrita
96

Mayara Ísis – São José do Rio Preto (SP)
Martelos
98

Mel Duarte – São Paulo (SP)
De qual lado você luta?
100

Mika Andrade – Fortaleza (CE)
busca
102

Natalia Amoreira – São Paulo (SP)
Diabo Velho
103

Nicole de Antunes – Salvador (BA)
Exílio
104

Nina Maria – Santo Estêvão (BA)
Pítia, a sacerdotisa
105

Nina Rizzi – Feira de Santana (BA)
estou numa lã-rause...
106

Orleide Ferreira – São Paulo (SP)
Contas de miçanga
108

Pétala Souza – Guarulhos (SP)
fractal
111

Priscilla Rosa – Natal (RN)
[flashBLACK]
113

Rebeca Victória Rocha – Salvador (BA)
sóu
114

Samantha Machado – São Paulo (SP)
Fundo do poço
115

Silvia Barros – Niterói (RJ)
Poema datado
116

Stella Almeida – Macaé (RJ)
E, se não for nóis, não vai ser ninguém
117

Tainah Cerqueira – Salvador (BA)
esse é o som 118

Tatiana Nascimento – Brasília (DF)
Oxum seduz Iansã, y se esconde nágua 119

Thais Andrade – Fortaleza (CE)
TU 120

Thamires P. – Belford Roxo (RJ)
A rotina do poema 121

Zainne Lima da Silva – Taboão da Serra (SP)
Lima da Silva 124

Conceição Evaristo

Maricá, Rio de Janeiro

Vozes-mulheres

A voz de minha bisavó ecoou
criança
nos porões do navio.
Ecoou lamentos
de uma infância perdida.

A voz de minha avó
ecoou obediência
aos brancos-donos de tudo.

A voz de minha mãe
ecoou baixinho revolta
No fundo das cozinhas alheias
debaixo das trouxas
roupagens sujas dos brancos
pelo caminho empoeirado
rumo à favela.

A minha voz ainda
ecoa versos perplexos
com rimas de sangue
e fome.

A voz de minha filha
recolhe em si
a fala e o ato.
O ontem – o hoje – o agora.
Na voz de minha filha
se fará ouvir a ressonância
o eco da vida-liberdade.

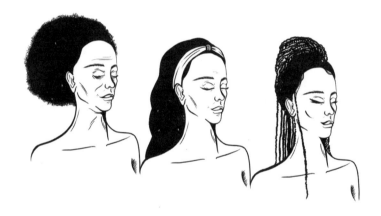

Apresentação

Em 2019, abri uma chamada pública para que escritoras negras brasileiras enviassem contos e poemas para fazerem parte de uma antologia organizada por mim. Não esperava, no entanto, receber apenas dois contos entre centenas de poemas. A mudança de abordagem foi feita com alegria e todas as mulheres negras que enviaram seus poemas dentro do prazo foram selecionadas.

Com isso, ficou demonstrada a minha intenção, que, desde o início, era montar um livro que mostrasse nossa diversidade estética e temática. Aqui, os leitores encontrarão obras escritas por poetas negras de muitas origens e estéticas. Dos 18 aos 70 anos. Para todas as preferências poéticas, de diferentes regiões do Brasil, poetas que já são grandes referências e poetas que ainda não publicaram seus escritos.

Meu desejo é que, depois deste livro, seja ainda mais difícil afirmar que nenhuma escritora negra que se encaixe em certo perfil de curadoria foi encontrada. Essa grande variedade é a prova de que mulheres negras escrevem e não cabem em apenas uma categoria temática. É a prova de que curadores que não incluem mulheres negras em seus eventos literários precisam ampliar seus repertórios. Mulheres negras escritoras existem, insistem e resistem.

Agora, é nosso papel garantir que suas criações literárias se tornem cada vez mais acessíveis e conhecidas. Embora este conjunto não seja finalizador e, felizmente, não contenha todas as poetas negras brasileiras, foi com grande esforço que prazos foram esticados para que esta amostra existisse.

Os passos vêm de longe e, não tenho dúvidas, desbravarão muitos outros caminhos.

É com imensa felicidade e honra que apresento este livro.

Jarid Arraes

Aline Cardoso
João Pessoa, Paraíba

Réquiem

Um corvo
Cantará no dia do nosso
Casamento
Uniremos carne e vida
Ao grito prometeico
De quem diz estar
Para sempre atado.
Fígado exposto
Feridas abertas
Vertendo o rubro
Amor de quem se dá
Cru à presa.

Ana Fátima
Salvador, Bahia

Nas tramas da carapinha

Adentro na floresta de pensamentos
que elevam minha trajetória
a partir do respeito à vivência coletiva
de um povo em constante elevação:
A negritude está inscrita em mim.

Dessa floresta brotam os pilares
das matas aguerridas da imaginação:
Jequitibás de sonhos,
Irocos de saúde,
Amendoeiras de vitalidade.

Às vezes
planto mandacarus
para manter a nobreza protegida
e ver florir a esperança da nossa longevidade.

O encanto da floresta que habita em minha carapinha
é nunca deixar de semear possibilidades,
vontades e desejos.

Desejos de amores do mar,
vontades de renascer Rio
e afluir poesia.
Nas noites cor de azeviche
cintila a coroa de minha ancestralidade
que ostento com graça sob o ori
trançado em búzios
e outros legados.

Andréa Cristina Garcia
Ilha Bela, São Paulo

Lave

Eu quero ser
A água leve
Eu quero ser
A lava fria
Dura
Seca
Lavada
Pela água leve
Levada pela leve
Água pura
Cura
Como a água
Que salga a pele
Pura
Como a lágrima
Que salva a pele.
Leve
Como o sal
Decantado no canto
Do olho
Suave
Como a água
Dissipada no ar

Andrezza Xavier
Belo Horizonte, Minas Gerais

O amor não põe mesa

Não escrevo sobre amor
só descrevo o que serve a mesa
no banquete da vida
o amor não chega até mim
eu sempre estou sentada na ponta
a vida passa por mim e serve quem já está
com a barriga cheia
já tem sempre alguém se lambuzando
passando na cara e regurgitando
quando a vida me serve
vem faltando
ou já tem alguém comendo
ou eu não gosto tanto
para mim chega sempre
picado
faltando
implorando
para que dessa vez
o prato venha correto
e que não tenha ninguém saboreando
eu não quero o prato do chef
desejo o que minha boca pede tanto
amor quente pelando
completo
com sobremesa

de preferência com calda de afeto
sem muita beleza
pratos enfeitados demais são sempre disputados
e eu jamais ganhei nenhum campeonato
no jogo do amor
eu sou sempre desclassificada
ou eu chego adiantada e tenho que esperar
ou me perco no tempo e chego atrasada
parece um fardo
de outras encarnações
tá pesado
é tonelada
é tipo carregar a cruz em que jesus foi pregado
sem entender muito
eu não digo nada
caminho sem fé
de pé
sem dar ré
não olho para a refeição de quem está do lado
não me contento com
rastros
pedaços
estilhaços
a vida passou e me ofereceu outro prato
ao me servir, deixou cair tudo em meus braços
saio de barriga vazia
insatisfeita com a vida
e com a conta que me foi cobrada
agora vou eu de novo
esquecer esse amor covarde
que me saliva a boca
mas nunca enche meu papo
que saco.

Benedita Lopes
São Bernardo do Campo, São Paulo

Canto de avós

Choro lágrimas blues canto de avós
Anunciam calmaria: O perigo avizinha-se
Seus braços lanças abrem libertação
Seus pés alados atravessam perigos
Seus corpos escudos rompem a morte
Delas herdei olhos de estrelas para iluminar estradas
Delas herdei ouvidos agulhas para escutar silêncio
Sou eterna porque ancestral fui e ancestral serei
Estrela de ponta a escrever história
Estrela de ponta a vencer calmarias
O riso samba enredo canto de filha e mãe
A anunciar euforia: a vitória chegou.

Bianca Gonçalves
São Paulo, São Paulo

linhagem

minha vó foi proibida
pelo meu bisavô de aprender a ler.
ela conta que ele temia
que a filha escrevesse
cartinha para um
namorado.perigoso.
por isso só os homens
da família foram alfabetizados.

e eu escrevo poesia erótica.

Bianca Chioma
São Paulo, São Paulo

[a lenda]

"durante anos e anos
na vila correm ventos que contam lendas
que ultrapassam becos
pulam buracos

e não caem no esquecimento-barranco
quem ajuda no boca a boca
conta a história assim:
com os dedos cruzados
só pra garantir a veracidade dos fatos

a lenda dita que a tal Dona Dita
em sua guarita arrancava barrigas
há crianças que desviavam da Dita maldita
e saíam do seu barraco com alguns dias de vida

o imaginar infantil, multiplicador de fatos
dizia que a Dita arrancava das barrigas pra jogar nos
ralos
apostavam caro pra ver entre eles quem seria o
corajoso
de no seu barraco atirar um pedregulho ou um ovo

pras mães que queriam fazer os filhos do medo
refém os ameaçavam com muito desdém:
"não vai comer não, menino? vou chamar a Dita,
  lá vem!"

eram as crianças que reparavam:
havia mulheres que entravam e nunca mais voltavam
diz a lenda que quando a Dita tava brava,
só com a barriga não se contentava
e fervia mulheres inteiras num caldeirão
depois comeria com meia dúzia de grãos de feijão

as mais velhas diziam que Dita era santa
não cobrava nada
só trocava os seus feitos por plantas
e eram elas que notavam a semelhança:
entre as mulheres que procuravam Dita,
nenhuma tira herança

procuravam Dita com a missão de tirar da barriga
o peso que depois moraria nos braços
"onde come um come dois"
e onde ninguém come?
toma decisão como pode
toma decisão como dá

pega carona na ponta da agulha de tricô
na canela do chá
evita ouvir quem enche a boca de desprezo
concentra no tempero do poejo

Dita falava pras meninas sossegar
rezar pro feitiço pegá
tentando intimidar o medo delas de no sangue
afundar

já dizia a poeta tatiana nascimento
"pra filha dele tem legalização
pra gente é
negação"

Bruna Barros
Aracaju, Sergipe

tiscrevo

eu sei onde mora a doçura
(pontas dos dedos frestas dos olhos)
(gosto da pele casa da língua ponte do
colo)(som da saudade voz quando dobra
alta sussurra causa fissura quebra distância
finca os dentes mas não machuca)(casa da
língua mas tem janela?)(vem cá minha linda
fala com ela conta que bato sempre na
porta conto os pedaços planto no peito
tantos arranjos com o seu nome)
(ai se consigo)
(vem cá bonita fala pra ela)(é tanta
coisa que eu só queria saber com ela)
(feita no canto gosto da pele eu sinto tanto)
(casa da língua dança saliva na minha boca fujo
correndo)(é tanta coisa que me demoro)(casa da
língua ponte do colo pontas dos dedos frestas dos
olhos)(causa fissura quebra distância finca os
dentes morde de novo causa fissura funda
a memória e rememora e reescreve essa
história)(tanto amor dengo nem meço
a casa é minha mas eu que peço sua
licença)(ponte do colo pontas
dos dedos frestas dos olhos)
eu sei onde mora a doçura

Camila Santana
Salvador, Bahia

Aquosa

Fecho os olhos e sinto
todo o tremular de meus músculos
toda a força corporal,
e o esforço infernal
para não desaguar.
Sou feita de água, e de ferro...
às vezes descanso, mas também firo
ora me deito e outras (muitas) luto.
Sou flor com cara de espinho.
Bicho raivoso pedindo carinho, mas
não ouse me tocar para conhecer.
quando tremo, explodo.
Quando verdadeiramente deságuo,
ninguém vê
pois só rio

Carina Castro
Diadema, São Paulo

mãos que escreveram primeiro

as linhas de minhas escritas
começam na palma das mãos
de minha bisavó: mãe dindinha

mãos que cuidaram o que
não pariu
mãos que escreviam chuva
em solas secas

passos enxutos nas plantas dos pés
porém passos pra frente
enfrentando caduquice de couro mole

linhagem de fêmeas
de pulso firme y língua lírica
ancestralidade pralém do laço
consanguíneo
são traços de parecenças familiaridades
de vida
milianos entocados em locas, bocas
vaginas que sangram regularmente
fertilizando a terra
as regras de maria jacinta nunca
atrasaram
criava tempo ela
se aqui estivesse, criaria
futuro do pretérito

enterrada de noiva casou-se com a terra
virgem de desamor

toda vez que me faço fio no papel
a terra reverbera
subterraneidades
inscritas na pedra

com os dedos trançados
o ontem e o hoje abrem caminhos na ponta afiada

Cassiane Nascimento
Fortaleza, Ceará

Olhos que fogem

Você me dá frios.
Frios na barriga,
Na pele,
Na alma...
Me desconcerta,
E acerta,
Mas não interpreta
o meu olhar no teu.
Desperta!
E percebe que nas curvas dos desvios
Encontro minha fuga.
Entre as retinas
Retenho,
Te adentro,
Entro.
Quero despir tua alma,
E encontrar os sorrisos que camuflas
Na grandeza do teu ser.

Catita
São Paulo, São Paulo

Na raça
(Inspirado por Miriam Alves).

Cada minuto conta
Cada segundo contra
Monotema
Que o agora é sempre

Que corrente pesa mais?
Ferro?
Cárcere?
Social?
Psico soma o quê?

Quem dera fosse minha cabeça:
Resolvo,
Esqueço,
Nunca existiu.

Fibromialgia não é poesia
Nem rima com crônica
Só é dor
Persistente
Tal a notícia diária:
Mais um
Mais uma
Tudo Negro:
Em prisão
Em humilhação

Na surra
Na morte
Fora da fila da escolha
Fora da lista da escola

E se fura a estatística,
Palmas ao mérito,
Troféu e exemplo único:
"Basta querer".

Não quero essas palmas
Esse sorriso pérfido
Esse elogio quando eu doce
Ao eu-ser fora da curva.

Sou pelo povo preto
Que me trouxe
    me é
    me virá

Cada minuto conta
Cada segundo contra.

Canso. Quero dormir. Preciso.
Mas não paro
Se mais um
Se mais uma
Tudo Negro
Ainda tomba.

E levanto-nos
Pela vida negra
      de aqui   de agora
Que seguro pela mão
De entidade.

Cecília Floresta
São Paulo, São Paulo

nós outras

a sapatão que ao homem diz não
foi flagrada pelos holofotes
os mais curiosos perguntaram
como pode?
como pode mulher de bigode
ser assim tão forte

questionada a receita
certeira declarou:
como eu há várias outras
basta procurar entre as fileiras
ali na lotérica vejo duas
a sena ontem acumulou

nem o diabo pode
mas exu laroiê lhe carrega as oferendas
não nas costas
nos braços mesmo
pra ir bem cheirando no caminho

é assim desde pequena será?
será que entortou
será que se perdeu
será que em boca aberta
entra mesmo mosca?

a sapatão que ao homem diz não
respondeu:
como eu há várias outras
basta olhar

Cristiane Sobral
Brasília, Distrito Federal

Restituição

meu gozo é um revide
um soco, um grito
brado de vitória

meu gozo é um instante de glória
pelas pretas que não sorriram
pelas negras que não sentiram
meu gozo é fogo de artifício
pras mulheres que nunca viveram além do ofício
pras que escolheram existir
em vez de parir

meu gozo é privilégio de uma cor
eternizada na amargura
ato revolucionário de amor
em tempos de cura.

Dandara Kuntê
São Paulo, São Paulo

Escritas negras

na ginga da capoeira
corpos negros
dançam
cheiro da mata
doce
com a bênção
dos Orixás

de olho na gira
navega coração
águas de Oxum
correnteza amor

berimbau Angola
rasteira do tempo
rabo de arraia
malícia ancestral

Oxóssi caçador

ao som das conchas
da roda santa
ao lamento
das preta velha

serena
melodia
marés
cura de Ossanha

espada de Ogum
lança espiritual
rito sagrado
jangada renascer

rabo de arraia
meia lua de frente
estrela da costa
bênção ao mestre
África mãe

Exu
firmou
encruzilhada
assentou

a morte chegou
liberdade cantou
me chamo
besouro
porque é
preto
e avoa

Dayane Tosta
Salvador, Bahia

excrescência

cresce a menina
perdura o medo:
da carne
do gozo
e da glosa

o medo nos é incutido
o medo paira sobre a atmosfera
o medo é o próprio ar da mulher

nos disseram:
aceite tudo calada
o teu prazer é para o teu marido
contenha o fogo, você é uma menina

até o primeiro "não" dito
até o silêncio quebrado
até o primeiro toque

quando eu disse "não"
meu som ecoou por toda a terra
delimitei
dei limites
criei uma nova gramática
eu me fiz mulher

nasce a mulher
vigora no peito:
desejo
toque
voz
excrescência

Débora Gil Pantaleão
João Pessoa, Paraíba

lesbianidades

acolhidos
os
seios
enrijecem
em
línguas
farpas
mea
vulva
tua
vulva
echarpe

Eliza Araújo
Campos dos Goytacazes, Rio de Janeirol

[não–foto de momento humano]

as pessoas corajosas também dormem
me lembrei disso quando minha mãe cochilou
 ao lado das minhas mãos batendo letras
quase esqueci
que sua barriga já esteve a ponto de explodir com
dois filhos
eu
meu irmão
vindo no dia das mães
vindo no novo ano
privando-a das celebrações
dos pratos com queijos
quase esqueço que uma vez vi seus olhos vermelhos
de não querer me deixar ir e soube que aquilo era
amor
porque amor é crer numa coisa
e uma coisa pode ser pessoa
se ela fala a tua mesma linguagem do olhar
quase esqueci que ela me apertou as beiradas do
corpo quando não soube o que dizer das minhas
perdas
porque é possível que a dor transpasse corpos por
entrelinhas meio mágicas
em que palavras não são necessárias pra comunicar
já que mágica nem sempre é lindo
mágica é apenas uma palavra infantil pra mistério
o que não queremos contar pras crianças que ainda

estamos a buscar
mas quase esqueço
que as pessoas corajosas dormem
quando não estão movendo o mundo ou colocando-o
de volta nos trilhos
quando não estão espalhando amor em meio ao
medo
quase esqueço
mas pra lembrar-nos dessas coisas
as mães existem.

Esmeralda Ribeiro
São Paulo, São Paulo

Ritual de Ageum

Misture coragem, vontade de vencer
com colheres de humildade
copo cheio de paciência
metade de malícia
e infinitas doses de poesia
misture, misture até ficar consistente
dentro de você.

Triture os invejosos,
acrescente os espertos.
Bata bem nos políticos
que lhe dão uma mão,
mas que, com a outra,
em ponto de bala,
grudam na sua alma.

Descongele o olhar daquele policial,
que, supondo-se autoridade máxima,
deixa em migalhas sua dignidade,
aqueça o ódio em seu coração,
mas no quarto escuro agradeça,
em orações, pelo tiro que,
sendo suspeito ou não,
você não levou.

Por último,
coloque dentro de um alguidar
humilhações, pessimismo, migalhas da dignidade,
tempere com dendê e amasse até virar farofa
decore com sete pimentas vermelhas
num sagrado ritual
sirva na encruza para cada um,
o homem da cruz, Maria Padilha e Exu,
saborear

Evinha Eugênia
São Paulo, São Paulo

Sem Eira's nem Beira's

Vagando pela solidão da insônia
Encontrei uma mulher sem eira, nem beira,
deitadando sua silhueta na esteira
Um desejo
Um corpo surrado
Um prazer, um gozo
Ausência
Demência
Um grito, a loucura do seu rosto
Encontrei-me olhando a vida

Fabíola Cunha
Salvador, Bahia

água não se encarcera

no pátio o sol faltou ao banho
pingos grossos desafiavam a muralha cinza
era abril,
sentinelas atentas registravam os passos
daquela mulher dentro de um uniforme triste
um corpo histórico
um corpo político
olhou para nuvem e quis ser uma
aproveitou o pouco tempo
e se encharcou de céu
a cadeia era uma condição externa
dentro dela uma inundação
avolumou-se em água
a enchente nela devastou espaços
em seu ouvido uma canção em yorubá
arrebentou os portões,
livre
virou umidade fértil.

Fernanda Rodrigues
São Paulo, São Paulo

Ruído

o ruído da chuva evoca
o ruído da sua voz
em meu ouvido

as gotas que se chocam
transbordam o ar comprimido
que habita meus pulmões

o ruído torna-se gatilho
para o que é perdido

configura-se obsceno
em seu gozo sem gosto

o ruído abre caminhos
o ruído lava memória

carnificina

(o amor deixa seu rastro)

Georgia Ianka
Ilha do Governador, Rio de Janeiro

Mistérios da mata

Corre depressa por entre a mata
corre cabocla
descalça
tão veloz quanto a onça pintada
que ruge e clama
pela tua presença na aldeia
corre depressa e carrega contigo
os segredos da Jurema
e o poder das ervas desconhecidas
corre cabocla
espalha teu cheiro e tua cor
de urucum
ainda fresco
por entre as árvores se esconde
olhos de gaivota
corre depressa e lança tua flecha
homem branco não é capaz de te impedir
brada bem alto, filha de araquém
que daqui te escuto
e carrego comigo o sonho
de te encontrar
ó doce **potiguar**

Gessica Borges
Grajaú, São Paulo

Diário de um golpe

Aqui onde
A mulher preta tampa
O rosto, a cor, a alma
Com base branca
Onde são quatro
Os filhos da moça
Dois descalços
Dois sem touca
Na cinza manhã fria
O orelhão ainda é
Uma ponte pra Bahia
Aqui onde
Sente como uma mocinha!
Preto não sai da linha
Que a senhora tricota
Com o cerne triste
Aqui onde
O homem vende espetinho
Alheio aos direitos dos bichos
E dos humanos
O chicote estrala na viela
O murro cala a boca dela
Eles invadem
Sem mandado, sem sequela

E eu sou livre
Para cobiçar o pulo
Da plataforma de ferro acobreado
Aqui onde todo dia é 64
E nada está nos trilhos.

Giovanna Pina
São José dos Campos, São Paulo

Afrofuturismo é o meu corpo

Afrofuturismo é o meu corpo
Transbordando o que os olhos
Não deram conta
É a chamada revolução ultrajante interior
Provocada pelas inomináveis transformações
Da nossa corporeidade
É a minha língua fundindo o mundo cindindo a terra
materna
Parindo anos de incansáveis putarias e lástimas
É o modo como me reconheço em tudo
Porque minhas digitais estão em cada canto
É a forma como tenho levado todas as nossas
inseguranças
Como pedras lapidadas 400 vezes empurradas sobre
este morro sangrento
Tenho estado estatisticamente na mesma posição de
alerta anunciante do fim do mundo
Pois o vi renascer e morrer mil vezes antes da
palavra anistia ser inventada
Meu eu embrionário tem buscado ainda seu ponto
originário como
Se a vida bambeasse numa corda linear
Então mastigo todas as distopias do mundo com
meus dentes de ossos e ventos
E uso como combustível diário nossos sonhos
reinventados

Hilda França
Salvador, Bahia

Marielle Franco – Re*tiro*

Ela a*bala* o falso caule!
Mesmo em re*tiro*,
Insubordina-se, por incomodar.
A*viva* os *juízos*,
Para a *sã* gan*gue* verbalizar.
Da ré da Maré,
À *pena* familiar.

Dona *"Lícia"*, a má,
Move a parcelas,
Mas não *calada*.
De par em par, é ela que apaga o *solar*ão do Rio.
E lá se vão graus e cajus,
Enquanto retornam raios e machados.
Agora, com mais um de nossos baobás.

Isabela Alves
São Paulo, São Paulo

é no teu terreiro que eu danço

– a tua esquina pra exu é minha rua de despacho,
deixo minha oferenda e meu vou –

pé descalço e o chão de terra batida. piso firme em
cada poro teu.
balanço as bandeirinhas que prendem teu olho. olho-
mergulho me formando uma só.

condensada no timbre de voz. o feitiço sai dos meus
lábio em cantiga. fiz uma mandinga com seu nome.

a flecha acerta seu peito, e mesmo que o pássaro não
queira, ele cai da árvore.

é possível matar a fome de uma aldeia inteira com
uma única flecha. é possível te ter aqui.

concreta e fértil. planta.

giro, rodo, embalando o teu ninar. cultivando o teu
sorriso branco que contrasta.
o teu pelo descolorido que contrasta.
a tua presença que contrasta e traz como navio que
atravessa para outro continente.

antes era tudo areia e eu fiz disso a ampulheta desse
tempo que não existe.
deste
tato fogo e brincadeira de gato e rato
é o meu fardo
que carrego com o gosto amargo de bebida
te ter entre os braços

um punhado de folhas sagradas. posiciono no meu
congá. rodopio nua
te seduzo faço de mim teu cais
faço de mim tua raiz
faço de mim tua morada sagrada.

cuido de minha oferenda. quando a tua respiração
acentua na música. cuido de minha oferenda.

é no teu terreiro que peço agô pra transformar. para
girar a chave. é o meu corpo, sagrado templo, que
você se lambuza e se embrenha em teia de serpente.
aranha e tesoura.

a minha flecha não te erra, te acerta e te mira de
longe. já disse. feitiço e mandinga feita com teu
nome.
meu padê é o líquido mais ou menos viscoso que
você solta em minha boca.

Ivy de Lima
São Caetano do Sul, São Paulo

Pedido

não me peça pra morrer
não vou morrer
não me beije quando eu morrer

Jaisy Cardoso
Salvador, Bahia

Ti

ainda me lembro de ti
água que desconhece os caminhos da terra
e que, por isso, mora nas entranhas dele

ainda me lembro de ti
água quente
que jorra vida entre minhas pernas

e te sou terra
inundada de amor
solo-morada
lugar de fazer raiz.

te sinto água
passeando entre o caminho do meu umbigo
tornando tudo chuva

te sinto fêmea
brincando de ser peixe
brincando de me fazer cócegas
na hora de dormir

e não é mais impossível:

me torno lamosa
terra que recebe água em abundância

me torno tua
gota aquática

pro barro que traz a vida
e faz do meu útero morada

Jarid Arraes
Juazeiro do Norte, Ceará

fábula

desistir é coragem difícil
somos programados
para tentar

deslizando aos barrancos
a pele das pernas
esfolada
os pulsos marcados
pelos rosários

é preferível morrer
sorrateiramente
em gorduras
açúcares
refluxos
pedras nos órgãos
no peito

mas desistir
essa é uma coragem
que todos
não temos

Jéssica Ferreira
Santo André, São Paulo

amor entre mulheres pretas cura

                                                porque

]encruza[

porque bebida pra exu,
porque enfeitiça,
porque bori,
                porque dá... caminho...

porque pororoca, porque agô pra ir e ficar, porque
deita no mar
                        porque comigo ninguém pode e
espada de São Jorge

porque superstição, porque olhar traga,
porque arruda atrás da orelha defuma,
porque
                                búzios
                                        têm queda
perfeita

porque palavras abraçam,
porque desejo
é.
mais do que beijo
mais do que corpo
mais do que se pensa que pode atravessar

porque lágrima diáspora é sorriso, porque medo da
felicidade,
      [porque flecha certeira]
porque queda livre, porque a vida que se tem
é.
[agora]
porque automóvel na velocidade máxima dá frio na
barriga.

porque som de todas as canções, porque revira,
porque desafia
porque te convida,
        [porque afeto

sempre foi negado]

porque aprende, porque produz o novo, porque não
cabe em nada, porque respiro, porque flor faz chorar,
porque qualquer chá cura, porque líquido

porque yabás

porque aprendiz do que não se quer.

Jéssica Regina
Volta Redonda, Rio de Janeiro

Todas as cores de preta

Mulher de cor?
Sou de todas as cores!
Sou de todas as cores que me pintam
Sou de todas as cores que me pinto de amor
Pintaram-me negra!
Criola, macaca, mulata, globeleza
Pintaram-me bunda
Pintaram-me com as cores do açoite
Sangue, suor, saliva, esperma
Cor da noite, dentes fortes, cabelo duro
Penteia, alisa, corta, cacheia
Pintaram-me feia
Baiana, africana, macumbeira, exótica
Pintaram-me cada um a sua ótica
Morena, escurinha, não preta
Pintaram-me
E pintei-me
Com as cores da ousadia negra
Com as cores que sempre me couberam
Com as cores que nunca me pintaram
Pintei cabelo, boca e fala
Crespa assumida não mais escondida
Consciência, poder e beleza!
Pintei-me de África Mãe
Dandara, Tereza, N'zinga
Pintei-me África Viva

Congo, Ndongo, Benguela
Pintei-me em estampas, tecidos e formas
Verde, vermelho, amarelo
Pintei-me em inspiração ancestral
Tatuagem sobre a pele
Pintei-me em arte, música e dança
Vibrei ao som das batidas da terra
Pintei-me do couro do tambor
Pintei-me do ouro
Pintei-me negra
Gritaram! Gritei!
Briguei! Calaram.
Não me calaram.
Não calarão.
Não apagarão
O negro em preto e branco
Sou preta
Sou negra de todas as cores.
De todos os tons
Sou todas as cores.
Sou todas as pretas.

Jhen Fontinelli
Cabo Frio, Rio de Janeiro

O que diria dona Elzira?

Abro os noticiários
A cada dia vejo um negro tombado no chão
Mas hoje foi diferente
Quebraram o recorde e chicotearam um de nós
Fico tentando imaginar
O que diria dona Elzira
Preta de Oyá e faladeira
Se lhe dissessem que em dois mil e dezenove
Seus bisnetos de cor sentiriam na pele
Tudo o que ela achava
Que seus pais já haviam sentido

Jovina Souza
Salvador, Bahia

O amor no mundo

O amor é lâmina na letra,
palavra do verbo dilacerar.
É limite e silêncio.
Nada há além da sua rasura
Que se abre perene, úmida
anômala
desenhando sua semântica.
E sua lírica é forjada nos versos
De uma esperança que não é suave
nem lúcida.

Juliana Berlim
Rio de Janeiro, Rio de Janeiro

Terraplanismo

Existe a personagem plana
rasa
flácida
lisa
da profundidade duma sola de pé
Como existe a personagem redonda
convexa
fornida
bojuda
abastecida de carne em modo centrífugo
Ambas dançam de mãos dadas
A ciranda da vida
Até chegar o terraplanismo
E decidir planificar o que couber ao alcance da vista
ciência plana
mente plana
coração plano
corpo plano
O mesmo velho plano
de apagar os diferentes
Aqui o coro das descontentes
São as filhas de Gaia que, como a terra-mãe,
Apresentam corpos grávidos de uma vida
a ser parida em sopros
Tanto vento nestas mulheres-parábola
A mesma ventania das mulheres-reta
Nenhuma pede um jogo de soma-zero

Juliana Tolentino
Belo Horizonte, Minas Gerais

Afago

Ontem
Me permiti velejar
Pr'um estado de mundo
Em que se possa
Só
Ser
Crianças correndo
Pra lá e pra cá
Netas recebendo
O afago de
Vó
Como sinto sua falta
Hoje
As lembranças me fazem
Sorrir
Será que a senhora gostaria
Daquilo que escrevi?
Meu coração te escuta
E que bom que pra ti
Eu conseguia falar
Te amo
Como é difícil verbalizar
Medo de desarmar?
Pode ser
De tanto apanhar,
Juntar os estilhaços
E recomeçar

Reaprender a viver
Como em tempos de infância
Em que quase tudo era motivo de
Alegria
Juntar os caquinho pra fazer guisado
Raspar os doces no fundo do tacho
Catar capim-cidreira, alfazema, guiné
– Nó, vó, não aguento mais comer capilé!
E o jogo do bicho?
Todo santo dia a "fezinha"
Aos domingos, Silvio Santos
– Ô vó, nunca foi fácil, né?
A senhora só queria um descanso
Desculpa se é difícil entender
Vou mandar rezar uma missa procê
E que sua alma fique em paz
Eu, daqui, vou caçar jeito de tomar rumo
Vestir do amor e da bênção que cê me deu
Cumprir minhas promessas
E ser
Só
Ser

Karla Alves
Juazeiro do Norte, Ceará

Ventre de ocidente

Navios Negreiros que vão
Navios Negreiros que foram
Navios Negreiros que voltam
Frutos Navios Negreiros
Que foram...
Que vão...
E hoje voltam...
Estão ali, parados no mar.
Frutificam Navios Negreiros
Barrados entre fronteiras
Que hoje não os deixam entrar.
Olhando tudo de cima
O azul recorda inóspito
Haitis, Líbias, Angolas...
Em Navios Negreiros de outrora
Que antes mandavam buscar.
Olhando tudo de baixo
O azul aguarda faminto
O negrume parado no mar
Que hoje expulsos de casa
Pela fome, doença e miséria
Não têm mais para onde ir
Não têm mais para onde voltar.
Olhando tudo de costas
O mundo finge não ver
E zombando parecem louvar
A canção que insiste em dizer:

Navios Negreiros que vão
Navios Negreiros que foram
Navios Negreiros que voltam...

Kiusam de Oliveira
Santo André, São Paulo

Corro

```
e
 s
  c
   o
    r
     r
      o

        v
   e    o c ê    f
    r      t      i
     t      n      n
      i      a      g
       g      u      e
        i       q    .
         n       n   .
  o s a m e n t e    .
```

Laís Santos

Jaboticabal, São Paulo

Tempo e caos

do tempo ao tempo
o relógio não para
a rua não para
a ferida não sara
o trabalhador só trabalha
o dinheiro só acaba
as contas no correio de casa
a padaria da 26 mais uma vez assaltada
Maria José na fila do SUS está cansada
Minas Gerais com lama foi alagada
as crianças com fogo foram queimadas
de tempo ao tempo
o relógio não para
mais uma travesti com seu coração arrancado foi
morta e ninguém fala nada
nenhuma rima traz Anderson de volta e minha
poesia não se cala
e o Brasil está abaixo de 0 nessa escala
Marcos Vinícius presente, mas essa falta nos dada.
Por que não condenaram os criminosos quando
Marielle foi assassinada?
porque de tempo ao tempo
o relógio não para
e eu não encontro salvação
para essa sociedade que bate, mas que não mostra a
cara.

Lara de Paula Passos
Belo Horizonte, Minas Gerais

FormAção

A faculdade não quer só produtividade
Ela quer beber sua sanidade
Tragar sua liberdade
Tomar de assalto sua integridade
Te digo
Lá do alto da pirâmide
No monte Olimpo
Os doutores brancos velhos nos olham rindo
(Com seus artigos repetidos)
É,
Mas vamos seguindo
Rugindo
Fazer tremer as bases
Quebrar o ciclo
A universidade
Ou acrescenta alguma coisa
Ou sai da frente
Preu passar com meu caminho
Não venho de mansinho
Vim pra incomodar o sinhozinho
Que achou que podia tripudiar mais um tiquinho
400 anos, isso não foi suficiente, filhinho?
Ah, mas eu quero é distância
Dessa gente católica apostólica hipócrita
Que reza a missa enquanto a gente sangra
Entre a cruz e a farda nosso povo anda
E morre

E cansa.
Eu demorei a sentir o tônus
O bônus
De ser quem eu sou, eu só via o ônus
Foram anos
De esfregar a bucha com força na pele macia
"Não adianta, não clareia, fia
E dá graças a Deus que você não é ainda mais
                    [escurinha
Já pensou? Senão, nem graduação tinha"
Pois é, mas eu tenho
E vou atrás do mestrado
Do doutorado
Do estrelato
Só eu sei o estrago
Dos olhares tortos voltados
Quando entro na sala sem nenhum dos nossos do
lado
Uma imensidão branca construída pelo estado
Esperando só um tropeço pra me pôr de lado
Pra rir do meu pecado
Silenciar o que eu falo
Não me calo
Vão ter que engolir o meu TCC
Onde não tem agradecimentos a você.
Sou feita de material bravo
De Sete Lagoas trago um pedaço
Tenho o dom de seguir feito aço
Fazendo mandinga
Apertando o passo
Desatando o laço
De gente que queria ver a gente descalço
Não passo
Não vou servir pro seu teatro trágico
Seu tráfico
Seu sádico!
Vai ter que morder a língua

E se contentar com o gosto do veneno da sua própria
saliva
Hoje você vai ter que me ver por cima
De você e de tudo o que me atingia
Subindo cada degrau com as minhas próprias pernas
Mas nunca sozinha
Exu me ama
Oxum me guia
Misturado no meu tem sangue de rainha
Eu venho trazendo todas as Nzingas
que valem mais que os seus cientistas
Seus monarquistas
Os seus bolsonaros
Os seus fascistas
Racistas!
Vão ter que engolir seco
A nossa colheita farta
A nossa água boa
Sob a sua pele clara
Pálida
Flácida de tanto acenar em desprezo
Despeito
Não arreio
Sem cabresto
Nessa filha duma égua vocês não põem esteio
Vão ter que dar meia-volta com seu preconceito
Parar de escolher ver só os meus defeitos
Aplaudir de pé o que eu tenho feito
Simbora,
Pega suas coisas e não volta
Esse lugar nunca foi seu e agora
É de cabeça erguida que eu te falo
Gente preta não quer retalho
Cota não é esmola

Laura Oliveira
Santa Luzia, Minas Gerais

Amor da juventude

Eu queria que você me desse
Uma tarde inteirinha
Pra te admirar o corpo da mesma forma que admiro
suas lutas
Pra te olhar os olhos pequeninos
Que ficam menorzinhos quando você ri
Pra te beijar demorado
E ver em você o sol nascendo refletir
É que você me tira o ar e quase me leva à loucura
Quando fala sobre como vamos suportar e reverter a
conjuntura
E eu sei que são mil corres
É militância, é reunião pra reunir, reunião pós reunião
E ainda tem aquela reunião que é pra definir.
E você tá em Beagá, eu lá em Mariana
São quase três horas no busão pra poder chegar aqui
Mandar mensagem, dar aquela sorte da agenda
combinar
Comprar paiol, dividir latão e ensaiar
Uma piada boba, uma frase engraçadinha
Qualquer coisa que te faça rir e deixar à mostra suas
covinhas
E eu sei que quase nunca dá, é viagem, manifestação
E mais reunião pra acompanhar
Só que eu também sou de luta
Desde pequena aprendi a ser resistência
E nessa vida eu só não resisto a você

Que tem toda a minha paciência
Pra mandar mais uma mensagem, pra tentar mais um rolê
Qualquer tipo de encontro
Que me permita parar e só admirar você.

Lorena Ribeiro
Salvador, Bahia

Amuleto

Quando te vi chegar
Foi um torpor de ópio
Linda, sem malícias
O andar, no ritmo da mais terna melodia
Sorriso vermelho
Cabelos, pele, voz
Solar

Quando canta
O tempo para
Tanta ternura, mulher
Acalento

A cicatriz no canto da boca, um amuleto
Recordação, talvez, de uma dor
Que mais forte te fez

E em teu beijo
Nesse encantamento
Eu começo a florescer outra vez

Lubi Prates
São Paulo, São Paulo

condição: imigrante

1.

desde que cheguei
um cão me segue

&

mesmo que haja quilômetros
mesmo que haja obstáculos

entre nós

sinto seu hálito quente
no meu pescoço.

desde que cheguei
um cão me segue

&

não me deixa
frequentar os lugares badalados

não me deixa
usar um dialeto diferente do que há aqui

guardei minhas gírias no fundo da mala
ele rosna.

desde que cheguei
um cão me segue

&

esse cão, eu apelidei de
imigração.

2.

um país que te rosna
uma cidade que te rosna
ruas que te rosnam:

como um cão selvagem

esqueça aquela ideia
infantil aquela lembrança
infantil

de sua mão afagando um cão
de sua mão afagando

seu próprio cão

ficou em outro país
ironicamente, porque a raiva lá
não é controlada

aqui, tampouco:

um país que te rosna
uma cidade que te rosna
ruas que te rosnam:

como um cão

: selvagem.

Luna Vitrolira
Paulista, Pernambuco

"O amor às vezes é isso"

o amor é feito bala perdida
que acerta um desavisado

ao cruzar a rua
ao dobrar a esquina

às vezes vem num soco
às vezes vem num grito

o amor às vezes é isso

uma panela de água fervendo
no rosto de alguém querido

às vezes esmola
às vezes migalha

que se devolve com um tiro
ou acaba em facada

o amor tem medo da vida

uma hora eleva
na outra arrasta

desconfia da sorte
tem medo da falta

o amor corresponde à entrega
com uma rasteira e às vezes mata

de tirania
de asfixia

de ciúme
de raiva

como alguém que se alimenta
e de repente engasga

Ma Njanu
Fortaleza, Ceará

Ilustração da anatomia de uma oyaci

suspiros são ventos
que rodopiam
dentro da gente
feito ilú nos balés

- nos bambuzais.

Maggie Paiva
Quixadá, Ceará

Abençoadas lacunas

Abençoadas as lacunas da mente
Que deixam nela espaço aberto
Tomam espaço do que se sente
Abrindo caminho no já habitado

Abençoadas lacunas que não se conhecem
E se ligam com laços de aço
Sendo o sou, o sinto, o faço
Sem ser nada exceto elas mesmas

Soldados ferrenhos de nós mesmos
Empregados mal remunerados
Trabalhadores do mais sujo trabalho
E ainda assim muito dedicados

Abençoadas as lacunas pelo que são
Por espaços que abrem e tiram
Pela utilidade mal interpretada
Pela fama não requisitada

Abençoadas lacunas de esquecimento
Pelo que apagam e tão logo ocupam
Pelo que causam e o que as causa
O que substituem e se tornam, confusas

Abençoado todo espaço em branco
E as cores que eles oferecem

Não importando, da forma mais sincera,
O que havia, o que tinha, o que era

Abençoadas lacunas pelo que tomam
Cumprindo apenas seu dever
Garantindo apenas por serem
O dom libertador de esquecer

Abençoado tudo o que se esquece
Deixando o eterno espaço vazio
Preenchido apenas por elas
Lacunas, por si próprias, eternas.

Magna Oliveira
Belo Horizonte, Minas Gerais

Axé

Axé para quem tá na lida
Axé para quem deixou a lida
Axé para quem a terra respeita
Axé para quem os bichos encanta
Axé para quem é da terra
Axé para quem é do mar
Axé para quem vem do alto
Axé para quem vem de lá
Axé para abençoar o dia
Axé para cadenciar a noite
Axé para o sono que alimenta
Axé para a alma de um lugar
Axé para o preto
Axé para o povo nagô
Axé para o quilombo
Axé para a cidade
Axé para o campo
Axé para saudar a todos.

Maíra Luciana
Samambaia, Distrito Federal

Meu corpo

Um corpo nu
Um corpo meu
Não toque!
Sem choque
Sem fala.
Dispara esse
Teu olhar
Pro outro lado
Da rua
Minha carne crua
É livre,
Não sua.
E no embaraço
Da tua opressão
A velocidade
Da minha ira
Lança chamas
Às suas mãos
Pois em ousados
E pesados apertos
Você me apodrece.
Mas não me calo
Eu berro!
E como norma
Dito:

Um corpo nu
Um corpo meu
NÃO TOQUE!

Mari Vieira
Minas Novas, Minas Gerais

Quando o poema não nasce

Queria falar da sua barba roçando
meu pescoço
Do seu cheiro, do seu hálito que ainda sinto,
mas a crise me tira a inspiração

Há um drama na educação
Parece que agora não se deve mais ler
nem escrever

Com o passar do tempo
livros ofenderão
E o silêncio retumbará
(Minhas próprias premonições me fazem chorar)

Praguejo ao vento
(des)esperança redemoinha em mim

Queria fazer um poema para falar daquela noite
que iniciou ao luar
com um beijo doce
Mas lá no Rio 80 tiros, disseram, foi um engano
Escuto
Vejo
Meu coração trava
A boca amarga

Disseram-me que poesia é sobre amor
Que seria para fazer flor nascer no asfalto
Mas meu poema sangra
O medo depura meus sonhos
Burila meus versos

Amanhã, talvez eu escreva sobre seu bonito sorriso
Sobre as coisas boas da vida
Sobre o jardim de rosas que plantaremos juntos

Hoje, números estranhos me impedem de fazer versos
Sílabas poéticas não obedecem a rima com 111
cento e onze tiros
Isso jamais será poesia

Eu queria fazer um poema
Mas em meio a dores e desgostos de todo dia
Rajadas ventejam ódio
Estampidos estralam nos versos
E por obrigação do sobreviver
A vida segue um ritmo
Que não faz poesia
E nem rima versos.

Maria Vitória
São Paulo, São Paulo

O vômito e as moscas

Cinco garotos negros no banco da praça,
conversam entre si.

Dois policiais militares
passam com suas respectivas motos
fungando no cangote dos garotos.

Os ombros de uma garota à minha frente
se curvam reparando na cena.
A garota faz cara de nojo e medo.
As motos se vão.
Os garotos continuam seguindo suas vidas de modo
"acostumados".

A garota à minha frente espirra.
A garota à minha frente alega falta de ar.
A garota à minha frente vomita
pequenos pedaços amarelos
junto a um mar de água.

Um dos meus pés é atingido pelo vômito.
As motos se distanciavam cada vez mais.
Então eu digo algo do tipo: "respire, não se desespere".

A poça de vômito cresce,
e agora diversas moscas
pairam perante as sobras ali depositadas.

O sol brota entre as nuvens cinzas.
A garota tem sinusite,
odeia raios de sol.

Na mesa,
garrafas doces
com gosto artificial de limão,
cerveja choca
e salgados frios.

Mariana Madelinn
Salvador, Bahia

Escura

No maniqueísmo
de sentimentos
Que se confundem
com corpos ideais
O Sol é loiro
O mar tem íris azuis

Eu sou escura
Abissal
Buraco negro
Que engole

Não avisa
Destroça
Não deixa rastros

Um negrume
Universal
De catastróficos
Sentimentos

Escuridão repleta
Do brilho
Que ninguém vê
Porque é preciso
Alma
Pra mergulhar

É preciso coragem
Pra se aventurar
De olhos
Fechados.

Marília Casaro
São Paulo, São Paulo

Um dia no colo do mar

O tempo que fia o fio dos seus cabelos
No manto azul moreno quer vê-lo dourar
O quente que vem do céu
Alinhavava a costura mais bonita dessa calda alva
Seus sonhos têm fantasias encantatórias
Têm quebrar de quebrante
Têm prata de luar espumante
Espuma, brilha, grinalda
Têm dia, têm noite, têm sol, têm Bahia
Têm poesia de escrita bonita a mendingar
Amor, carinho, família
Janaína, minha mãe, minha noiva, minha filha

Marina Farias
Nilópolis, Rio de Janeiro

The words I wrote for you

Essas são minhas palavras favoritas em inglês:

Ribcage – a jaula de ossos contra a qual o meu
 coração colide toda vez que você se aproxima

Mouth – o som que a boca faz quando os dentes
capturam a língua

Freckles – as constelações desenhadas no seu rosto;
estrelas que contorno com as pontas dos dedos

If – condição para que sejamos; e se partilhássemos
do mesmo desejo?

Riddle – enigma que Sansão propôs aos Filisteus cuja
resposta é o seu nome

Howl – som que emitimos sob a lua cheia; poema de
Ginsberg; hino de vira-latas à meia-noite

Will – querer; vontade; o que ainda não aconteceu,
mas poderá acontecer, tudo depende da sua
disponibilidade

Rhythm – o jeito que o meu corpo se move quando o
som da sua voz infiltra meus ossos

Ancient – a idade exata do universo

E 'Throat' – o lado de dentro do seu pescoço

Homesickness – quando sinto tanto a sua falta que
até fico doente

Blue/s – a cor da humanidade; estado de melancolia;
ritmo que deu origem ao rock e, segundo Baco, tornou
o preto livre em presidente

Daydreams – as fantasias que crio quando estou
acordada

Sorrow – o passado que me paralisa e me impede de
chegar ao fim da estrada

Breathless – quando a ansiedade me alcança e os
meus pulmões param de funcionar

Cathedrals – as torres das suas pernas entre as quais
eu me ajoelho para fazer um altar.

Surrender – quando ergo as mãos para o céu e deixo
que o granizo me atinja o peito

Madness – tudo aquilo que nos liberta, mas não é
socialmente aceito

Spell – o feitiço que você soletrou bem ao pé do meu
ouvido

Edge – o limite que há entre nós e o desconhecido

Through – caminho que ainda podemos trilhar de
mãos dadas

Fate – o 'escrever certo por linhas tortas' ao qual eu e
você estamos fadadas

Blossom –o ressurgir das cores na primavera

Everlasting – o curto período de tempo que ainda nos
resta

Written – as frases que nascem do meu útero e já
estão sacramentadas

Poetry – [em qualquer idioma] ato sagrado de fazer
amor com as palavras

Marli Aguiar
São Paulo, São Paulo

Da Potência de Nossa Escrita

Querem nos passar a ideia de que
tudo está vencido e dominado... será?
Mal sabem "eles"
e não conseguem perceber
o que germina nas cirandas de mulheres,
nas oficinas de escrita,
nos quintais das grandes cidades,
nas danças de umbigada,
nas hortas caseiras e quilombolas
e mulheres agricultoras,
nos sons dos Tambor de Criola,
nos Saraus das Pretas, nos Slams
e das Carolinas e Firminas
e Flores de Baobá.

Nascem resistências e denúncias
Nas folhas em branco
Das seguidoras de Bianca Santana,
Quando se descobre negra.
Do Quarto de Despejo de
Carolina Maria de Jesus.
Em Terra Fértil
De Jeniffer Nascimento.

Nos alimentamos do Leite do Peito
De Gení Guimarães,
Nos fortalecemos nas Lendas de Dandara

De Jarid Arraes,
Abrimos portas e janelas
Na Morada de Catita.
Nos mergulhamos na Mareia
De Miriam Alves
Passeamos nos Becos e Memórias
De Conceição Evaristo,
Para reencontrarmos nas teorias
De Angela Davis,
E, assim, trazer as vozes
Das vozes de mil mulheres
Nas diversas literaturas.

Algo germina no fundo da terra fértil
Cozinha no caldeirão que balança
de nosso próprio corpo.
E nas salas, salões de escritas
Se cria e recria,
Sementes que germinam,
Passado, Presente e Futuro.
Algo novo já nasceu e cresce,
Nossa Poesia.

Mayara Ísis

São José do Rio Preto, São Paulo

martelos

esquizofrenia racista dialética
leva o nome de licença poética
pra dizer estourar a cabeça
dos meus orixás

cala a boca, recolhe o estrume,
cê caga pela boca já é costume
mas dos meus orixás cê não vai falar

duas linhas, uma gira,
cê mete o loko onde não deve
e quer que eu te respeite
os mesmos martelos com novos enfeites
é sempre a cabeça dos pretos pra arrebentar

o aplauso vem do reflexo patético
mau-caratismo escalafobético
é regra da cidade, hipocrisia do lugar
o papo tá curto, a ideia reta
toma que é de graça, meu último alerta
quem bate finge que esquece
mas se eu começar a revidar,
eu não vou parar

minha fé eu não bebi com são tomé
é a última vez que anuncio o pontapé
é melhor não apostar

o caldeirão ferve sem fundo
cê vai se queimar

Mel Duarte
São Paulo, São Paulo

De qual lado você luta?

Não é de hoje que calam meu grito, abalam meus
instintos
ambos pela dor
Por ter nos olhos esse brilho, essa herança bem
quista dos genes de meu bisavô
Não é só pela preta cotista, a casa própria da diarista
ou qualquer outra conquista dos que fazem parte da
história de uma terra que você usurpou
É ver o espaço ocupado, a mulher preta, pobre no
doutorado,
retomando seu legado, sem dizer: sim, senhor.

Nos querem supérfluas, apáticas – sem senso crítico
Nos moldam em estéticas, inépcias – estratégia
sádica orquestrada por cínicos
Eu rejeito teus dogmas e mantenho a perspicácia no
meu raciocínio
Ainda observo bem atenta os que compactuam com
a tua lógica ilícita de extermínio

Senhores em seus altares, disputando egos maiores
Supremos, palácios, planaltos, para que possam se
sentir superiores
Influentes na arte da intolerância, não sei como se cria
Tanta mente ambiciosa, tolhendo anciã sabedoria.

Nos oferecem uma mídia abastada, interesseira e
interessada
apenas na morte, mas não em quem mata
Como será que um corpo suporta tanta violência
inescrupulosa?
Como é possível dormir com as vozes em minha
cabeça de tantas irmãs mortas?
Nossas almas pedem socorro e ninguém nota!

E eu só peço a Oyá, que me guia,
mantenha-me longe dos senhores fardados, do mato e
sua milícia!

Me diz: o que te assusta?
A farda, a gravata ou a luta?
Perceba que nessa disputa,
Conheço teu caráter
Pelos heróis que cultuas!

Mika Andrade
Fortaleza, Ceará

busca

mergulho num mar
de memórias
submersas

em busca de
origens afogadas

desse naufrágio
que parece irreversível

não encontro minhas pares
a nadar para a praia

vejo minha face perdida
e mais nada

Natalia Amoreira

São Paulo, São Paulo

Diabo Velho

Da queda das estátuas
dos falsos mártires.

Anhanguera em sua argúcia
Ameaçava atear fogo no Rio São Francisco com sua
pólvora perversa
Caso os nativos resistissem a abrir o caminho do
ouro nas matas.

Quando o encontrei na rua em São Paulo
Sem hesitar o incendiei vivo e fui presa
Pois o homem carrega a alcunha de herói civil
e eu de aborígene.

Em minha argúcia virei rio
Escorri das algemas e grades e inundei os caras
pálidas
Para que me abrissem caminho para fora do cárcere.

Em minha fúria descarrilhei um dilúvio
em suas fuças
encharquei-lhes os pulmões
lavei-lhes a boca.

E não podem mais dizer mentiras.

Nicole de Antunes
Salvador, Bahia

Exílio

Quando meteram
a mão na terra
puxando minha voz
fiquei muda,

                                mandrágora não existe

a história mais velha do mundo:
suas mãos na minha terra
revirando o caos,
roubando tudo.
                  mas pouco espaço é meu estômago
lanço fora
os laços que eram
fitas,
urro,
urdo,
corro a nado
no meu vômito,
mas como não
sou cachorro
me levanto.
(não como)
                  comida revirada não forra o âmago

Nina Maria
Santo Estêvão, Bahia

Pítia, a sacerdotisa

Decifra-me
Eu, ora mulher, ora leão
Ainda que presa a este mundo
a rastejar à procura do ser-querer.
No entanto, livre tal qual uma águia.

Venerada
Desvelada
Eu, narcisa de mim mesma
Ora de mundo, ora do vazio ao espelho
Mato, morro e gero vidas
Conquanto, tenho em meu corpo a'lma do mundo,
essência da vida.

Decifra-me
Eu, mulher
Eu, leão
Eu, serpente,
Eu, águia
Eu, narcisa
Eu, ser-tudo-nada
Eu, apenas eu
Lançada ao oráculo da vida

Nina Rizzi
Fortaleza, Ceará

Estou numa lã–rause

Estou numa lã-rause
andei procurando cartão de telefone
e não encontrei nenhuma banca (no centro)
vou ficar por aqui cerca de 40-45 minutos.

passei um final de semana péssimo;
bateu-me uma tristeza (melancolia, pra você)
tão braba que nem passei na locadora
pra devolver "o passado". braba mesmo
não só por sua ausência. por tudo.
o muro e a comida cada vez mais cara.

não encontrar a banca e não ler os jornais
é um prémio de consolação, divide comigo.

como vc está (acabo de descobrir que
a tecla da "interrogação" não está funcionando).
como foi em canindé [int.].
como foi o seu dia ontem [int.].
como está o sexo [int.].
tanta vontade ainda de te abrir a flor
te cheirar e te lamber inteira
como um país por conhecer e descobrir sozinha
vc ainda quer morar num sítio comigo [int.].

não dá mais pra esperar
o sistema vai me derrubar em minutos
não tenho nem mais um real.

o sistema nos derruba a todas
vc já viu quantas as gentes mortas [int.]

gostava que passasse em casa mais tarde
há tanto o que não deixar se perder
a alegria mais miúda, se agarrar em nós
mas me contento com uma cartinha
mesmo que em branco, tipo caiofa.
tchau. beijo. te amo.

Orleide Ferreira
São Paulo, São Paulo

Contas de miçanga

Visto em meu peito
o adereço que teço
por herança e cultura
em seus nobres fazeres
sagrados saberes

Colar de contas miúdas
pequenos contos do mundo
em mil milagres de vida
adornamento e miçangas
que envolvem minha pele
seda negra que me veste

Cada conta desse adereço
colorido que teço
guarda segredos de oração e prece
esperança e desespero

Um fio de começo sem fim
que sustenta no colo um colar
adorno protetor dos antigos
sábios e mestres
sacerdotisas
guerreiras e
orixás

Cada conta de miçanga

é feito um passo que avança
representa mais um dia de vida
é feito pão, água e comida

Cada conta de miçanga
é feito sorriso ofertado
perdão aceito
perdão doado

Cada conta de miçanga
é feito justiça alcançada
em corpos e almas livres
de violência e exclusão

Cada conta de miçanga
é feito amor que vem
amor que vai
lição que fica

Cada conta de miçanga
é proteção e axé

Cada conta de miçanga
é feito a paz necessária
igualdade e respeito
é luta diária

Cada conta de miçanga
representa gratidão
pelo ancestral conhecimento

Cada conta de miçanga
nesse colar majestoso
representa uma de nós
mulheres pretas de voz

Nossa voz que ecoa no mundo

libertadora de verso e canção
é ornamento sonoro potente
é récita que resiste desobediente
e há de fazer revolução

Pétala Souza

Guarulhos, São Paulo

fractal

de vez em quando você esquece quem é
não que isso te preocupe
você não se esquece por inteiro

abstrai partes na mesma intensidade que cria novas
que viram lembranças
não é assim, em partes, que a vida se torna inteira?
você sabe o que é, você é fragmento

todo vivente já se imaginou ser o todo
como você, que se sentiu completa em si mesma até
que se viu fractal

as pequenas e inúmeras partes de você
se revelaram com o impacto da batida forte da vida
num bum você se viu em pedaços e se entendeu em
partes

fácil, pedaço por pedaço
formas caóticas autossimilares
era uma, agora se viu infinitos modelos de si mesma

estrutura geométrica com complexidade orgânica
seus fragmentos se repetem em qualquer escala
te fazem colagem e recortes, num monta e desmonta
urgente, preguiçoso, sem fim

e você não sabe mais a quem procura, mas continua
porque o processo te encanta

é que também você não se perde inteira, se perde em
partes

você vê todas as marcas e, de novo, é fácil assim
artéria ramificada infinitas vezes
todas elas, fluxo de corrente sanguínea
é assim mesmo a vida

sua essência são fragmentos magnéticos
e você está sempre sendo atraída ao seu polo,
seja o negativo ou o positivo, é você

você não sabe
até que encontre

Priscilla Rosa

Natal, Rio Grande do Norte

[flashBLACK]

a memória
é o fundo de um baú:
camburão
caveirão
navio negreiro

todo o peso do mundo
guardado sob o véu
de cortinas esfumaçadas
entre as coisas mais secretas
que a gente nem imagina
[ainda]
estão por lá:

camburão
caveirão
navio negreiro.

a memória
é[mesmo]
um
[a]
fun
do.

rebeca victória rocha
Salvador, Bahia

sóu

sou cria dos ventos sagrados
sou fonte: deságuo
inundo, transbordo
sou filha das águas salgadas

célebre prenhe, pari as estrelas
sou dona do céu
e não me alcanço
sou jazida no silêncio
e o possuo

sou bruta
sou giz
risco

vim da lua
a ela pertenço
sou a noite
que nem sequer adormece

sóu
de cabeça pra baixo
nós – amarrados
e mais nada

Samantha Machado

São Paulo, São Paulo

Fundo do poço

Não é na perda de um emprego
Nem no fim de uma paixão
Não se atinge na crise financeira
Ou em profunda depressão

O fundo do poço não é tão raso
E pede mais abstração
Não há como conhecê-lo
Até identificá-lo na audição:
Ele chega junto com o Jessé
Cantando Porto Solidão.

Silvia Barros
Niterói, Rio de Janeiro

Poema datado

Não tenho mais filtros de perfil
Que contemplem minha indignação,
Meu protesto de sofá (de banco de ônibus, de cama
antes de dormir)
Preciso dizer que apoio a seleção feminina de futebol
Que choro pelo Sudão
Que Renan deve ser solto
Que a universidade precisa de verba.
Não tem mais bandeiras e faixas nas fotos de capa
Que comportem meu orgulho lésbico
Minha luta pela educação
Meu grito de vidas negras importam
Os ecos do ele não.
Faltam filtros de beleza nas fotos
Pra replicar minha beleza natural
Mascarar minha feiura
Me tornar aceitável na rede social.
Tento enfiar minha luta nas dimensões da tela
E inventar uma comunidade alternativa via web
Em que todos falem o meu idioma.

Stella Almeida
Macaé, Rio de Janeiro

E, se não for nois, não vai ser ninguém

Eu pensei e pensei muito,
antes de vir aqui falar.

Eu falei e escrevi tanto
que até agora sinto o peso.
Da voz, da caneta.

Espaço munido de treta, de conflito.
Do que você acha bonito.
De quem você acha que deve
viver ou morrer.
De quem só serve pra trabalhar
pra você.
De quem diz que o carro de som
tá cheio
e que alguém tem que descer.

Ora, desça você!
Agora vocês vão me ouvir!

Ninguém! PRESTEM BEM ATENÇÃO
no que eu tô falando:
NINGUÉM VAI TIRAR A GENTE DAQUI!

Tainah Cerqueira
Salvador, Bahia

esse é o som

estou sentada em uma pedra
sobre mim há uma intensa queda d'água
não sinto dor
só conforto
o som é ensurdecedor
mas não enlouquece
aquece
é como voz de muitas águas
muitas vozes e uma só
ouço nada, entendo tudo
digo surdo
confundindo lágrimas com a água
que escorre peito adentro

tatiana nascimento
Brasília, Distrito Federal

Oxum seduz Iansã, y se esconde nágua:

as histórias insistem
na parte do rio
(que Oxum
é). mas solem
olvidar que antes
de Oyá escorraçá-la até
lá (que paixão y justiça ela
é, mas também essa
mágoa),

elas deitaram juntas, y foi pra

sonhar acor

dadas.

Thais Andrade
Fortaleza, Ceará

TU

Tu,
Que em faces do meu compasso
Guardo teus passos em fogo sentir.
Tu,
Que brilhas meus sonhos em canto comprido
De amor e poder
Retoma meus seios e pega nos meios
Me transpassa de suor e prazer.

Thamires P.
Belford Roxo, Rio de Janeiro

A rotina do poema

poetas andam no calçadão
pegam dois ônibus
odeiam o gosto amargo da cerveja
adoram sentar com os amigos na mesa do bar

poetas flertam
namoram à distância
namoram homens e mulheres
namoram a madrugada às cinco

poetas sentem saudade do pai
dos avós paternos que nunca chegaram a conhecer
dos amigos que se distanciaram
dos amores que nunca chegaram a ser

poetas protestam
seguram bandeiras
erguem os punhos
enfrentam a polícia

outros poetas temem os próprios conflitos internos
não conseguem levantar a cabeça
resistem aos dias abafados
e se apoiam nas palavras que escrevem

poetas sentem culpa
pedem perdão
e morrem no orgulho

poetas sentem a falta do dinheiro
quase largam o emprego
anseiam pelo nascimento do filho
e são mil mães e pais solteiros

poetas descobrem que são
e não se assumem
poetas fazem outro tipo de poesia
que nem sempre diz respeito ao poema

poetas cantam
compõem
dançam
grafitam

poetas são pobres
descem e sobem morros
e se acostumam com o tiroteio

poetas dormem nas universidades
dormem nas salas do ensino médio
dormem nas ruas em frente ao prédio

poetas escrevem sobre o amor
sobre a paixão e a angústia
sobre a vida que nem sempre ama
e que muitas vezes nos queima e nos machuca

poetas são gente
tão gente
que falam daquilo
que todo mundo sente

são tão frágeis
tão frágeis
que suas palavras
vão envelhecer
e se esgotar.

Zainne Lima da Silva
Taboão da Serra, São Paulo

Lima da Silva

olhar num espelho
só a prata ou só o vidro
vasculhar documentos
confessar: essa sou eu

olhar a mãe que me pariu
procurar vestígios
achar no pai uma coisa outra
talvez geografia

eu tenho léxico próprio de quem nasceu fora do Brasil.
.

Direção editorial
MIRIAN PAGLIA COSTA
JARID ARRAES

Direção de produção
HELENA MARIA ALVES

Preparação e Revisão de texto
PAGLIACOSTA EDITORIAL
FERINA

Projeto gráfico e diagramação
CAROL REIS

Impressão e acabamento
ASSAHI

Impresso no Brasil / *Printed in Brazil*

Formato	16 x 23 cm
Mancha	11 x 18 cm
Tipologia	Celestia Antiqua
Papel do miolo	Off set 80 gr / m2
Papel da capa	Cartão 250 gr / m2
Páginas	128